Inhalt

Mobiltelefone - Die Handy-Industrie wartet endlich wieder mit zahlreichen Innovationen auf

Kernthesen

Beitrag

Fallbeispiele

Weiterführende Literatur

Impressum

Mobiltelefone - Die Handy-Industrie wartet endlich wieder mit zahlreichen Innovationen auf

M. Westphal

Kernthesen

- Der Handy-Markt hat außer Apples iPhone in den letzten Jahren kaum erkennbare Innovationen vorgestellt.
- Der Handy-Markt ist von seiner absoluten Größe her sehr interessant, weshalb sich jetzt auf verschiedenen Wertschöpfungsstufen der gesamten Industrie Unternehmen dafür interessieren,

hieran zu partizipieren.
- Der Endkunde wird an diesen Bestrebungen partizipieren, weil sie dafür sorgen werden, dass viele seiner Wünsche (Individualität, Preis, Nutzen) endlich realisierbar adressiert werden.

Beitrag

In der Industrie für mobile Kommunikation gibt es nach längerer Pause endlich wieder wirkliche, sichtbare Innovationen, die dem Endkunden in vielerlei Hinsicht hinsichtlich seiner wichtigsten Wünsche an ein Handy befriedigen werden.

Der Handy-Markt konnte außer dem iPhone von Apple schon über eine längere Periode weder mit innovativen neuen Service-Angeboten, noch mit bahnbrechenden Hardware-Neuerungen auf sich aufmerksam machen. Auch wenn die Wachstumsraten des Handy-Marktes inzwischen in vielen Ländern stagnieren, so ist die absolute Größe, verbunden mit einem programmierten kontinuierlichen Hardware-Wechsel seitens der Nutzer, sehr attraktiv. Aktuell wartet der Markt auf Seiten der Hardware aber auch auf Seiten von neuen Applikationen und aus der Richtung der Middleware-

Anbieter von Technologie-Teilen (Chips) wie auch Betriebssystemssoftware mit vielen Entwicklungen auf, die einen großen Einfluss auf die weitere Entwicklung dieses Geschäfts wie auch der seiner Wertschöpfungs-Partner haben werden. Dieses KnowledgeSummary wird sich daher nicht explizit mit einer technologischen Entwicklung oder einer neuen bahnbrechenden Applikation beschäftigen. Es befasst sich mit aktuellen Tendenzen und Entwicklungen in der gesamten Handy-Industrie, die vielleicht alle oder aber auch nur teilweise zu wenn nicht revolutionären so doch mindestens evolutionären, für den Kunden aber spürbaren, Veränderungen führen werden.

Applikation Handy-Ticket

Schlange stehen am Flughafenterminal wird in Zukunft der Vergangenheit angehören. Ende April dieses Jahres haben die Lufthansa und Air Berlin mit dem Handy-CheckIn begonnen. Während bei Air Berlin der Barcode der Bordkarte auf dem Handy-Display als Multimedia-Kurznachricht (MMS) erscheint, nutzt die Lufthansa eine andere, auf dem Internet basierende Technik. Daher sind bei der Lufthansa PDAs oder Blackberrys noch Voraussetzung, den Dienst nutzen zu können. Bei Air Berlin wird nur ein MMS-fähiges Endgerät benötigt.

Bei Air Berlin kann sogar die Sitzplatzreservierung per Handy vorgenommen werden. Dieses geschieht per SMS-Dienst. Wenn dieser Dienst zunächst auch nur an einigen ausgewählten deutschen Flughäfen für nur wenige Strecken möglich ist, ist das Ziel, diesen Service bald flächendeckend anzubieten. (1)
Das elektronische Ticket ist eine von den Fluggesellschaften eingeführte Leistung, die sicher zum einen deren Kosten senkt, aber auch für den Fluggast eine Erleichterung darstellt. Der Weltdachverband der Fluggesellschaften, die Iata hat den 01.06.2008 zum Tag des 100 Prozent E-Ticketing ernannt. Schon heute werden weltweit 93 Prozent der Flugtickets elektronisch ausgestellt.
Allerdings arbeiten die Fluggesellschaften an einer Weiterentwicklung des E-Ticketing, um den Komfort für die Flugreisenden weiter zu erhöhen. KLM, Air France, Lufthansa und einige kleinere Fluggesellschaften ermöglichen jetzt auf ausgewählten Strecken den CheckIn per Mobiltelefon. Der Reisende erhält einen Strichcode auf sein Handy mittels E-Mail, SMS oder MMS. Ebenso können über das Mobiltelefon Informationen über Verspätungen, Annullierungen wie das Abfluggate gesandt werden. (7)

Entwicklung des Endgeräte-

Marktes

Auf dem Weltmarkt werden sich die Kräfteverhältnisse bei den Mobiltelefonherstellern voraussichtlich verschieben. So hat der koreanische Hersteller LG im ersten Quartal 2008 mit 24,4 Millionen verkauften Geräten seinen Umsatz aus dem Vorjahreszeitraum um 15 Prozent übertroffen. Von Analystenseite wird erwartet, dass sie noch in diesem Jahr an den beiden in der Rangliste noch vor ihnen liegenden Unternehmen Motorola und Sony Ericsson vorbei ziehen werden. Dabei wird LG vor allem von den aktuellen Problemen bei Motorola profitieren, da es bei der weltweiten geografischen Abdeckung große Überschneidungen gibt. (2)

Entwicklungen im Bereich Middleware (Technologie):

Der Handymarkt bleibt trotz gewisser Sättigungstendenzen in Bezug auf weiteres Wachstum für viele Unternehmen sehr interessant. So versucht der weltgrößte Halbleiterkonzern Intel, der bei Handychips bisher keine Rolle spielt, diesen Markt jetzt auch zu erobern. Dieser Markt ist vor allem deshalb so attraktiv, weil die Stückzahlen vom

Handyabsatz weit über denen des PC-Marktes liegen. Intel erwartet, dass PCs und Telefone immer stärker verschmelzen werden. Zunächst liegt der Fokus von Intel auf der Ausstattung der hochpreisigen, internetfähigen Mobilfunkgeräte.

Bisher dominiert der britische Hersteller ARM den Markt für Handychips und rüstet hier etwa 98 Prozent aller Geräte aus. Dieses war auch ein Grund, warum Intel vor etwa zwei Jahren sein Handychipgeschäft verkaufte. Aber die aktuelle Vorstellung der kleinen und sparsamen Chips der Atom-Reihe stellen ganz offensichtlich einen neuen Angriff auf diesen Markt dar. Wesentliches Argument von Seiten Intels, warum man diese Mal gegen ARM erfolgreich sein werde, ist, dass ARM keinen einheitlichen Softwareset hat. So verlangt der Wechsel auf eine neue Chipgeneration von ARM nach einer Überarbeitung der Handysoftware. Hier will Intel ansetzen, indem es für Beständigkeit bei der Chipsoftware sorgen wird. (3)

Entwicklungen im Bereich Middleware (Software)

Die Bemühungen von Google, eine Mobilfunklizenz auf dem amerikanischen Markt zu bekommen, sind zunächst gescheitert. Google wurde mit seinem

Angebot von 4,71 Milliarden US-Dollar knapp vom amerikanischen Operator Verizon überholt, der 4,74 Milliarden US-Dollar bot. Diese Versteigerung gab erstmals die Möglichkeit, die Mobilfunknetze der USA für andere Partner als die Netzbetreiber zu öffnen. Trotz dieser Niederlage hält Google weiter an seinen Bemühungen fest, mit 30 Mobilfunkkonzernen zusammen, eine offene Betriebssystemssoftware für Mobiltelefone zu entwickeln. Erste Prototypen, die auf diesem neuen Betriebssystem laufen, wurden im Februar vorgestellt. Ähnlich wie Apples iPhone bietet dieses Betriebssystem die Möglichkeit der Steuerung über eine berührungsempfindliche Oberfläche sowie direkten Zugang zu bestimmten Internet-Applikationen wie Google Mail, Google Maps oder YouTube. Da die Android genannte Plattform als offenes System angelegt ist, können Programmierer weltweit an weiteren Applikationen arbeiten. Ziel ist es, dass jeder Handybesitzer dann aus sämtlichen verfügbaren Applikationen die auswählen kann, die er auf seinem Handy haben möchte. (6)

Die Mobilfunkindustrie unterstützt die Entwicklung einer neuen Opensource-Plattform. Unternehmen wie NTT-Docomo, Vodaphone, Ericsson, LG, Motorola, NEC, Panasonic, Samsung, AMD und Texas Instruments haben sich in der Limo-Foundation zusammengeschlossen, die eine Hardware-unabhängige Architektur auf der Linux-Plattform entwickelt. Die bereits in vielen Systemen getestete und stabil laufende Plattform ist im Release 1.0 veröffentlicht worden. Diese neue Plattform mit ihrem offen gelegten Software Development Kit hofft auf freie Entwickler, die darauf aufbauend Applikationen entwickeln. Damit konkurriert sie gegen Googles Android-Plattform und Apples iPhone-Plattform. (5)

Microsoft arbeitet an der Verbesserung der Position seines Smartphone-Betriebssystems Windows Mobile. Wesentliche aktuelle Erfolge liegen in der Akquisition des Mobil-Software-Unternehmens Danger, welche von Analystenseite eher dem Blackberry-Hersteller RIM oder Sun zugetraut wurde. Danger liefert Technologie für das T-Mobile Smartphone Sidekick. Außerdem konnte Microsoft kürzlich eine Zusammenarbeit mit Sony Ericsson bei dessen Smartphone Xperia X1 verkünden. Damit ist das auch von Sony Ericsson mitbegründete Handy-Betriebssystem Symbian inzwischen exklusiv nur noch bei Nokia-Mobiltelefonen im Einsatz. (9)

Welche bahnbrechenden Innovationen gibt es auf dem Endgeräte-Markt

Modulares, individualisierbares Endgerät

Aber die Zukunft der Handyendgeräte sieht vielleicht auch ganz anders aus. Anlehnend an die Software-Architektur des Google Android, die modulare, individuelle Auswahl der Applikationen zulässt, hat ein israelisches Unternehmen das Modu vorgestellt. Dieses Gerät hat eine schlichte rechteckige Form mit schwarzer Oberfläche und einem großen Display sowie drei Tasten. Alles weitere, was der Kunde gerne personalisiert an seinem Gerät hätte, kann er durch das Einstecken so genannter Jackets bekommen. Im Hauptmodul sind nur das Mobilfunkteil, die Antenne, das Display und der Speicher untergebracht und es kostet unter 200 Euro. Alle weiteren Funktionen wie Tastatur, farbige Außenschale, Digitalkamera oder MP3-Player können über die zukaufbaren Jackets entsprechend modifiziert werden. Verschiedene Operatoren haben auch schon eigene Jackets für die von ihnen zu vertreibenden Modus geordert. (10)

Neue Display-Technologien für Handys

Die Firma Polymer Vision plant Mitte dieses Jahres das Handy Readius auf den Markt zu bringen. Dieses Gerät wäre das erste mit einem ausrollbaren Bildschirm. So könnten elektronische Tageszeitungen oder Bücher komfortabel gelesen werden und das immer und überall. Zweifelhaft ist für Marktbeobachter allerdings, ob ein solches Handy mit dieser Technologie wirklich Mitte dieses Jahres marktreif sein kann. Spannend wäre es allemal, denn das würde eine komplett neue Facette in den Handy-Markt bringen. Polymer Electronics als Ableger des Elektronikkonzerns Philips, hatte zwar bereits Anfang 2007 einen ersten Prototyp vorgestellt. Insbesondere fertigungstechnische Probleme hatten einen möglichen Marktstart aber immer weiter in die Zukunft verschoben. Das ausrollbare Display ist dann möglich bis zu einer Gesamtgröße von fünf Zoll und würde keine Hintergrundbeleuchtung benötigen und damit den Stromverbrauch extrem senken, so dass bis zu 30 Stunden reine Lesezeit ermöglicht würden. Allerdings gibt es dieses Gerät zunächst nur mit einem graustufenfähigen Display, weshalb Handy-TV oder die Wiedergabe von Photos nicht möglich sein wird. Polymer Electronics greift bei diesem Display auf organische Stoffe zurück, die ein Aufrollen des flexiblen Schirms ermöglichen. (11)

Wegwerf-Handy

Bereits im Jahre 2001 wurde ein Handy vorgestellt, welches so günstig konstruiert war, dass es als Wegwerf-Handy vorgestellt wurde. Leider war es damals nur ein Marketing-Gag, der sich in der Realität nicht produzieren ließ. Auf der diesjährigen CTIA in Las Vegas wurde aber wiederum ein Einmal-Handy vorgestellt, für welches es in Europa angeblich eine Erstbestellung von 10 000 Geräten gibt, die noch Mitte dieses Jahres ausgeliefert werden sollen. Der vom Hersteller Hop-on nicht genannte Kunde kann dieses GSM-Telefon, welches auf 900 und 1 800 Mhz-Frequenz senden und empfangen kann, seinen Kunden für einen 20 US-Dollar entsprechenden Gegenwert anbieten. In den USA wird dieses Gerät bereits mit einem 20 US-Dollar entsprechenden Gesprächsguthaben für 40 US-Dollar verkauft. Die Sprechzeit beträgt 20 Minuten und das sehr einfach gehaltene Gerät ohne Display wird mit einer Kopfhörer-Mikrofon-Kombination vertrieben. Über dieses Mikro werden dann auch die zu wählenden Nummern angesagt. In den USA kann man weitere Gesprächsminuten zukaufen sobald das Guthaben aufgebraucht ist. Es kann aber ebenso zurückgegeben werden und wird dann mit fünf US-Dollar vergütet. Das Gerät soll voll recyclingfähig sein. Die Zielgruppe für dieses Gerät sind Touristen,

Senioren, Personen ohne Kreditwürdigkeit oder aber solche, die ein günstiges Zweithandy suchen. (12)

Fallbeispiele

Auch die Niki Lauda gehörende Fluggesellschaft Niki wird ab dem Sommer 2008 mit seinem Partner Air Berlin das Einchecken per Handy ermöglichen. Schon heute ist für diese Airline das Internet der wichtigste Verkaufskanal, über den bereits 70 Prozent aller Buchungen abgewickelt wird. Nachdem Air Berlin seine ersten Tests mit der MMS-Bordkarte abgeschlossen hat, wird auch Niki diesen Service anbieten. (4)
Die Siemens Sparte IT Solutions bietet die so genannte Lösung Mobile Passenger Solution an. Diese ermöglicht den CheckIn per Handy. Darüber hinaus gibt es einen persönlichen Reiseassistenten. Dieses wird ermöglicht mittels einmaliger Registrierung bei einem Dienstleister inklusive Angabe des Hardware-Typs des Handys sowie der Mobilfunknummer. Der Kunde erhält daraufhin eine spezielle Handysoftware, die es ihm ermöglicht, überall per Handy einzuchecken. Der als Bestätigung gesandte Barcode soll dann mittels

spezieller Scanner an den Sicherheitskontrollen direkt vom Handydisplay eingelesen werden können. Der individuelle Reiseassistent ermöglicht darüber hinaus die Hinterlegung eines eigenen Profils, in dem der Kunde seine Präferenzen bzgl. Mahlzeiten oder Platzwahl festlegen kann. (8)

Weiterführende Literatur

(1) Neu bei Lufthansa und Air Berlin: Bordkarte kommt aufs Handy
aus Hamburger Abendblatt, 19.04.2008, Nr. 92, S. 9

(2) LG Electronics legt deutlich zu Konzern will im Handymarkt in diesem Jahr Motorola und Sony Ericsson überholen
aus Financial Times Deutschland vom 17.04.2008, Seite 5

(3) Intel verspricht Erfolg bei Handychips Konzernchef Otellini will britischen Rivalen ARM bei mobilen Internetgeräten ausstechen · FT-Interview
aus Financial Times Deutschland vom 10.04.2008, Seite 4

(4) Niki: Bordkarte kommt aus dem Internet
aus Die Presse vom 2008-04-10, Seite: 26

(5) Android und Apples Iphone-SDK bekommen Linux-Konkurrenz Smartphone-Betriebssysteme:

Limo 1.0 freigegeben
aus Computer Zeitung, Heft 15, 2008

(6) Google bekommt kein eigenes Mobilfunknetz Internetkonzern unterliegt bei Auktion von US-Frequenzen - Trotzdem drängt das Unternehmen in den Handymarkt
aus DIE WELT, 22.03.2008, Nr. 69, S. 14

(7) Kampf dem Schlangestehen am Flughafen
aus Neue Zürcher Zeitung 18.03.2008, Nr. 65, S. 61

(8) Das Reisebüro ist überall dabei
aus Stuttgarter Zeitung, 12.03.2008, S. 10

(9) Erfolg im Handy-Massenmarkt stärkt Microsoft-Position in Firmen Windows Mobile ärgert Nokia
aus Computer Zeitung, Heft 10, 2008, S. 11

(10) Kremp, Matthias, Das Handy der Zukunft ist modular, Spiegel Online, 07.02.2008
aus Computer Zeitung, Heft 10, 2008, S. 11

(11) Handy zum Ausrollen
aus Kölner Stadtanzeiger, 01.02.2008

(12) Testbestellung von 10 000 Geräten Einmal-Handy kommt nach Europa
aus HANDELSBLATT online 14.04.2008 11:50:09

Impressum

Mobiltelefone - Die Handy-Industrie wartet endlich wieder mit zahlreichen Innovationen auf

Bibliografische Information der deutschen Nationalbibliothek

Die Deutsche Nationalbibliothek verzeichnet diese Publikation in der deutschen Nationalbibliografie; detaillierte bibliografische Daten sind im Internet über http://dnb.d-nb.de abrufbar.

ISBN: 978-3-7379-0340-0

© 2015 GBI-Genios Deutsche Wirtschaftsdatenbank GmbH, Freischützstraße 96, 81927 München, www.genios.de

Alle Rechte vorbehalten. Dieses Werk ist einschließlich aller seiner Teile – z.B. Texte, Tabellen und Grafiken - urheberrechtlich geschützt. Jede Verwertung außerhalb der Grenzen des Urheberrechtsgesetzes bedarf der vorherigen Zustimmung des Verlags. Dies gilt insbesondere auch für auszugsweise Nachdrucke, fotomechanische

Vervielfältigungen (Fotokopie/Mikroskopie), Übersetzungen, Auswertungen durch Datenbanken oder ähnliche Einrichtungen und die Einspeicherung und Verarbeitung in elektronischen Systemen.